ふたりのきほん 100

松 浦 弥 太 郎

装丁　櫻井久、中川あゆみ（櫻井事務所）

写真　松浦弥太郎

編集協力　今泉愛子

contents

わたしからあなたへ100

わたしからあなたへ

恋愛や結婚、特別な関係など、互いに心を許し合い、ともに未来を築いていくふたりにとって大切なことはなんでしょうか。いつも心に留めておきたいことはなんでしょうか。

出会ったばかりの頃は、相手への好きという感情だけで、すべてが解決できたかもしれませんが、ある一線を越えて、わたしとあなたというふたりで日々と向き合うようになると、そこには守り合ったり、わかち合ったり、生かし合ったり、そして愛し合ったりという、誰も教えてくれない、かんたんなようでとても難しい、いわばパートナーシップのきほんを考えるようになります。

わたしからあなたへ。まずは、わたしにできることはなんだろうと考えました。あなたとの日々の中で、わたし自身が学べる新しさとはなんだろう。それはとても些細で、ときには稚拙で、わたしなりのひとりよがりかもしれません。けれども、あなたとの今日と明日、未来のために、思いつくかぎりの精

一杯をよろこびとして、そのひとつひとつを、ふたりのために確かめ合っていきたい。

　大切だと思っても、できることとできないことがあるでしょう。もっとこうしたほうがいいと思えることも、きっとあるでしょう。けれども、わたしはふたりのために、それを人生の学びとして、ゆっくりと取り組んでいきたい。少しでもふたりの関係を育んでいきたいからです。

　ともに生きるということは何を意味するのか。ふたりで何を築いていくのか。そして、日々を楽しくおもしろくするにはどうしたらよいのか。愛するという感謝の日々をふたりで見つけていきたいからです。

　わたしからあなたへ。ひとつひとつ手紙のように綴っていきます。これはわたし自身への手紙でもあるのです。

　この本はわたしのお守りです。

自分からのあいさつ。

暮らしのなかには、たくさんのあいさつがあります。朝は「おはよう」で始まり、夜は「おやすみなさい」で終わります。その間には「ありがとう」や「よろしくお願いします」「いってらっしゃい」「お疲れさま」もあります。気持ちよくあいさつすることで、あなたとわたしの風通しがよくなります。どんなに気分が塞いでいるときでも、わたしは自分から気持ちよくあいさつをします。

未来を語る。

あなたとは、いつも未来のことを語り合いたいと
思っています。この先、どんなことがしたいのか。
どこでどんな暮らしをするのか。これから社会は
どう変わっていくのか。未来の話はいつだって、
希望に満ちています。わたしは、明るい未来を信
じています。未来を語れる相手だからこそ、一緒
にいることがこんなにも楽しいのです。

下を向かない。

つらいことがあると、下を向くのはなぜでしょう。下を向いていると、視野が狭くなり、人と目が合わせにくくなります。姿勢が悪くなり、リズミカルに歩くことができません。わたしは、落ち込んだときこそ前を向いて、歩こうと思います。誰かと目が合ったら、ニッコリと笑顔で。ふたりにつらいことがあったときは、あなたと一緒に外へ出ます。行動は、感情を変えることができるのです。

ひとりの時間を大切に。

ふたりで一緒に過ごす時間は、とても充実してい
ます。ふたりとも笑顔で、いつもしあわせいっぱ
いです。だけどどんなに仲がよくても、わたした
ちには、ひとりで過ごす時間も必要です。お互い
に自立したひとりの人間として、ひとりの時間の
楽しみも知っています。ひとりの時間を楽しめる
ふたりだから、一緒に過ごす時間の貴重さがわか
るのです。これからも、ひとりの時間を大切に。

かぎりなく素直で。

あなたの前では、いつも素直でいたい。先入観を
もたず、まっすぐにあなたのことを見て、ありの
ままを受け入れます。そして、かけひきをせず、
無邪気な心でものごとに向き合います。疑心暗鬼
になってイライラすることは、あなたにとってだ
けではなく、わたしにとってもいいことではあり
ません。わたしは、これからもプライドにこだわ
らずずっと素直でいます。

話し合いを。

付き合いが長くなると、言わなくてもわかっているだろうとつい油断して、伝えることを怠ります。どんなに愛し合うふたりでも、話し合いが足りないとほころびが生まれるものです。気がつかないうちに、そのほころびはどんどん広がっていきます。どんなことでも、どんなに忙しくとも、どんなに疲れていようとも、話し合うことを大切にしていきたいと思います。

006

最後まで味方で。

人生には、予期せぬことが起こります。誰かから疑われたり、非難されたり、信用を失ったり。「なぜ？」「どうして？」と思ってもすぐに解決しないこともあります。わたしは、あなたにどんなことが起きたとしても、最後まであなたの味方です。だからどうか安心してください。そしてときには、わたしのことを頼ってほしいと思います。これからもずっと、あなたのことを応援します。

楽をしない。

ふたりで一緒にいると、毎日が楽しくなります。何かあっても心強いし、よろこびもたくさん生まれます。この状態を長く続けたいなら、手を抜かないことです。ふたりでいることがどんなに心地よくても、どちらかが楽をしようとすれば、バランスが崩れます。だから、あれをしてほしいとあなたを頼ったり、怠惰になったりしないようにします。感謝を忘れず、いつもていねいに。

わたしよりあなたを。

あなたがそばにいるときも、離れているときも、わたしは「あなたを優先する」と決めています。人は自分本位な生きものだから、そう思うくらいがちょうどいいのです。何かを決めるときも、あなたのことを思い出します。お互いが相手を尊重させるという気持ちを保てれば、わたしたちは、これからどんどんいい関係になれるのではないでしょうか。

いつもありがとう。

コーヒーを淹れてくれたことも、やさしい言葉を
かけてくれたことも、そしてあなたが存在するこ
とも「ありがとう」。近くにいるときも、遠く離
れているときも、「ありがとう」をあなたに伝え
ることができれば、わたしたちはこれからずっと
うまくいくような気がします。「ありがとう」は、
わたしたちをつなぐ言葉です。

身だしなみを。

つねに身だしなみを整えておくようにします。長く一緒にいると、だんだんと馴れ合いになって、気を抜いた姿を少しくらい見せても平気だと思うようになるけれど、お互いが快適に過ごすためには、あなたとの間に守らなくてはならない一線があります。だらしなくならないよう、あなたをがっかりさせることがないよう、身だしなみには、これからも気を配ります。

NO を言う。

あなたの言葉も行為も、いったんはすべて受け入れます。だけど、そのうえで違いがあれば、NOと言います。頭ごなしに否定するわけではありません。素直に受け止めて、よく考えてから、意見があれば伝えます。あなたの一番近くにいる存在として、あなたに意見を述べる相手でもありたいのです。意見を押しつけるのではなく、違った見方もあることを伝えていきたいと思っています。

釘を刺さない。

あなたに伝えたことや約束したことについて、繰り返し、言葉にしないようにします。釘を刺すのは、絶対に守ってほしいことや、あなたがいかにも忘れそうになっているときだけです。だけどそれは、わたしの都合を優先しているのかもしれません。あなたのことを信じているのなら、釘を刺すべきではないし、一度伝えたら、あとのことはあなたに委ねます。

素のままで。

あなたと一緒にいるときは、飾ることなくありの
ままのわたしでいます。いいところも、ダメなと
ころや弱いところもあるけれど、隠したり背伸び
したりしたくないのです。もちろん、あなたと張
り合ったりもしたくない。これからもずっと、あ
なたの前では、素の自分でいたい。そしてあなた
にもそうしてほしい。そうすることで、ふたりが
いる場所が、安心してくつろげる場になります。

014

決して急がない。

いまは、かんたんにできること、早くできること
に価値がある時代です。スマホがあれば、調べも
のもレストランの予約も、あっという間にできて
しまいます。だけど、わたしたちふたりの関係は、
決して急ぐことなく、時間をかけて育んでいきた
いと思います。待ったり見守ったりしている間に
も、目に見えない何かが育つもの。ふたりの間に
は、急がないことから生まれる価値が、きっとあ
るはずです。

015

壊れてから始まる。

何かが壊れたときは、何かが始まるとき。「もう
おしまいだ」と思うほど深刻な状況でも、絶望で
終わらないことは歴史が証明しています。28歳
でほとんどの聴覚を失ったベートーヴェンのその
後の活躍は、誰もが知るところです。もうダメだ
と思ったところから、何とかしようという情熱や
工夫が生まれます。人間は強いのです。ふたりの
間でも、絶望から新たに始まる道があることを忘
れないようにします。

見返りはなし。

人は、誰かに何かをすれば、その相手から何かを
してもらえるかもしれないと期待するものです。
でも互いを信頼し、愛し合うふたりの間では、見
返りを期待して、何かをすることには意味があり
ません。いつも自然と何かをしたり、してもらっ
たりを繰り返しながら、毎日暮らしています。ふ
たりの間に、見返りはなし。見返りという考えか
たは、最初から存在しないのです。

気をまわしすぎない。

ふたりでいるときは、お互いできるだけ穏やかに、
リラックスしていたいと思います。だからあなた
に対して、あれもこれもと気をまわしすぎないよ
うにするつもりです。わたしが気をまわすと、あ
なたもきっと落ち着かなくなります。何かをして
あげたい気持ちはあるけれど、そっとしておくく
らいがちょうどいい。だけどいつも、あなたの存
在を感じていたいと思います。

すべてが学び。

あなたにもわたしにもいいところばかりではなく、できないことがあったり、弱い部分があったりします。これから先の人生には、楽しいことだけではなく、困難なこともたくさん起こるでしょう。だけど人生のすべてが学びです。だから、どうするかを、そのときふたりで考えます。苦しいときもつらいときも後ろではなく前へ。いつも前を向いて、わたしはあなたと学んでいきます。

新しく。

お互いを知れば知るほど、新しさから遠ざかって
いきます。そこから生まれる心地よさは特別なも
のではあるけれど、わたしたちには、初々しさと
新しさが必要です。それがないと、毎日の暮らし
がどんどん退屈になっていきます。わたしはこれ
から続いていく日常のなかに、いつも新しさを発
見したいと思います。新しさがわたしたちのもと
に運んでくる輝きを大切にします。

所作を美しく。

日常のひとつひとつの所作が美しくあるよう心がけます。そのためには、美しい所作とは何かを知ること、学ぶことが欠かせません。気持ちの張りを失うと、美しさは簡単に失われてしまいます。あなたと一緒に穏やかな日常を過ごすいっぽうで、そんなことも大切にしていきたい。所作を美しく、というのは、わたしからあなたへのひとつの敬意でもあります。

忘 れ る こ と 。

あなたの行いで、わたしがすごく傷ついたり、不
愉快になったりしたとしても、悪意があってのこ
とではないはずです。だから、いつまでも根にも
つのではなく、すぐに忘れられるわたしでいたい。
お互いが話し合うことで解決できることばかりで
もないのです。許すではなく、忘れる。いいこと
はずっと大切にしたいけれど、そうでないことは、
忘れることも大事。

支え合う。

お互いが、心で支え合える関係でいたいと思います。自立しているふたりにとって必要なのは、物理的な手助けよりも、精神的な力になること。強い励ましで支えるのではなく、疲れて帰るときに、早く会いたいと思う存在でありたいと思っています。ひとりでうれしいことに出会ったときに、一緒にいないことを残念に思うような心の結びつきを、大切にします。

023

信用する。

人間は複雑な感情によって生きているから、誰しも全部が全部、信用に値するということはないのかもしれません。だけど、わたしはあなたを信じます。最後の最後まで、あなたのことを信用する、信じきるということを心に決めます。相手を信用することは、愛する行為とほとんど同じ。愛する相手には、無条件でできることだと思っています。

家庭的に。

ふたりで一緒にいる時間が、家庭的な時間になる
ようにしたいと思います。あなたとは、職場など
外にいるときとは違う親密な時間を過ごしたいの
です。あなたとわたしが、心からくつろいだ気分
になるにはどうすればいいのか、心とからだを休
めるには何が必要なのか、ひとつひとつ考えなが
ら、居心地を整えます。一緒にいるときがふたり
にとって、一番、安らぐ時間になるように。

長所も短所も。

人間には、よいところもそうではないところもあ
ります。そのすべてが魅力です。長所だけを愛し
て、短所に目をつぶるのではなく、長所も短所も
同じくらい愛しいと思っています。あなたは、こ
れからどんどん成長していくでしょう。短所を気
にするのではなく、よいところをどんどん伸ばし
てください。わたしはこの先も、あなたの長所も
短所もすべて愛します。

自立する。

お互いに依存することなく、自立したふたりの関係を育てていきたいと思います。いつでもひとりで生きていけるふたりだけど、離れているより一緒にいるほうがしあわせ。「離れたら経済的に生きていけない」とか「一緒にいないと不便だ」というのは、ある種の打算です。いっぽうが何かを負担することで成り立つ関係ではなく、自立しているふたりがしあわせを築き合う関係でありたいのです。

見守る。

誰もが、自分の価値観や考えを整然と語れるわけ
ではないから、何かが起きたとき、すぐにうまく
説明できないこともあるでしょう。そんなときは、
少し待ちます。何かをやろうと思っても、すぐに
行動を起こせるとはかぎりません。気持ちが乗ら
ないこともあるし、慎重になることだってありま
す。つねに言葉や行動を求めるのではなく、とき
には静かに見守ります。

思いやりを。

思いやりは、日常のほんのちょっとしたことに表れます。それでいて、心を温かくしたり、救われたりします。あなたの思いやりのおかげで、わたしは心を持て余したりせず、いつも穏やかです。だからわたしもあなたへの思いやりを、わたしなりに忘れないでいたいと思っています。ふとしたときに伝わるような、何気ない動作で。わたしの思いやりが、あなたの助けになるように。

認め合うこと。

あなたと出会って、いつしかお互いの存在を認め
合うようになりました。だけどときがたつと、ど
こか油断する気持ちが生まれてくるものです。わ
たしはあなたの空気のような存在になるのではな
く、互いを認め合い、尊重し合う関係でいたいと
思っています。時間を味方につけて、ときがたつ
ほど、敬い合う気持ちが強くなっていくようなふ
たりでありたいのです。

気づくことを。

毎日何かが起きて、そのたびに何かに気づきます。
だけどたくさんの気づきは、生まれては消えてい
きます。「もっとよくするためには、何かを変え
たほうがいいのではないのか」。そんな疑問に対
処するには、わたしたちは忙しすぎるのです。だ
けど1日ひとつでも気づきを深めていくことがで
きれば、わたしたちは確実に成長します。気づき
を手がかりにしながら、ふたりのよりよい人生を
つくっていきます。

最初に伝える。

どんなことでも、最初に伝えるのはあなたです。
暮らしていても仕事をしていても、いろいろなで
きごとがあって、毎日、たくさんのことを感じた
り、考えたりしています。わたしにとって大切な
できごとは、親や友だち、ほかのどんな人よりも
あなたに一番に伝えます。わたしが、よろこびや
驚き、悲しみを一番わかち合いたいのはあなただ
から、最初に知ってもらいたいと思っています。

032

押しつけない。

わたしには、わたしの価値観や考えがあります。だけどそれを、あなたに押しつけることがないようにします。ふたりがやりとりをしているとき、つい声が大きくなったり、あなたの言葉を待たずに何かを決めようとしたりしてしまうこともあるかもしれません。自分の考えは、自分にとってなじみのいいもの。けれども押しつけたりしないよう、つねに心に余裕をもって接します。

正直でいる。

あなたに対してはうそ偽りなく、精一杯の正直な
わたしでいます。信頼は、お互いが正直でいるこ
とで、少しずつ積み重なっていくものです。少し
ばかりきついことであっても、わたしの考えや思
いをきちんと意見して伝えます。正直であること
は、ときに面倒なことでもあります。それでもや
はり、あなたとの信頼関係の一番の種になるのは、
正直さではないでしょうか。

希望を見つける。

希望とは与えられるものではなく、自分で見つけ
るもの。あなたはわたしにとっての希望です。こ
れからはふたりにとっての希望を見つけていきた
い。これからのふたりが望むことは何かを考えた
いのです。希望のあるところに人生があり、しあ
わせを生むちからはすべて希望であるからです。

責めない、追い詰めない。

思いがけないことが起きたとき、人はつい感情的になって、目の前にいる人を責めたり、追い詰めたりしてしまいます。だけど、そういうことをしても、何ひとついいことはありません。わたしたちによくないことが起きたとしても、必ずそこにはよほどの理由があるのです。そのよほどの理由は、静かにそっとしておくことがよかったりもするのです。

いつも明るく。

いつも明るく過ごします。そのために、心とから
だを整えます。嫌な気分を明日に持ち越さない。
規則正しい生活をして、適度にからだを動かす。
心とからだがうまく整っていれば、人生は、おお
むねうまくいくのです。いつも明るく、健やかで、
機嫌のいいわたしでいます。

足りなくていい。

すべてが満たされている必要はありません。むしろ満たされていないことから、工夫や希望が生まれるのです。あなたとわたしも、足りないところがあっていい。そこからふたりでどう楽しんでいくかが大事です。足りないことはダメなこと、困ったことではなく、ありがたいこと、すてきなこと。大事なのは「さて、どうしよう」と、腕組みして相談できる関係でいること。

何をどうやって。

これまでは「何を」という選択の時代だったように思います。これからは「何を」に「どうやって」というように、選択に工夫を加えることが暮らしにおいて必要ではないでしょうか。いかに「どうやって」を創造できるのか。そこにふたりのよろこびが生まれるのです。「どうやって」あなたと生きていくのか。わたしはしっかりと向き合っていきたい。

甘えること。

甘えることは、愛情表現のひとつ。ときにはお互いが甘え合える、甘えることも許し合うふたりでいたいと思います。「甘えたい」というのは、とても一時的な感情。ふとあなたに甘えたくなるときがある。疲れているときやリラックスしたとき、あるいはそんなことは何も関係なく。心から甘えられる人がいるという安心感に救われるのです。

比べない。

わたしたちには、いいところもよくないところも
あるけれど、それは当たり前のこと。完璧は求め
ていないけれど、いつも「よりよく」を目指して
います。それで十分。ほかのふたりと自分たちふ
たりを比べない。わたしは、あなたと一緒にわた
したちのしあわせをつくります。

不安もさびしさも友だち。

愛する人がそばにいれば、さびしい思いをしなく
てすむということは幻想です。誰かといても、人
は不安やさびしさから解放されることはなく、逃
げようとすればするほど意識してしまい、ますま
す逃れられなくなります。わたしは、わたしの不
安やさびしさをあなたに埋めてもらおうとせず、
自分で向き合います。不安やさびしさと友だちに
なることが、不安やさびしさに自分を乗っ取られ
ない方法です。

たくましく。

何があってもくじけない、どんな困難にもたくま
しく立ち向かっていけるふたりでありたい。「た
くましく」は心のありかたで、困難を困難と思わ
ない強い心であり、ときには我慢をするというこ
とです。困難は、これからもふたりの間にたびた
び降りかかってくるでしょう。だけどわたしは、
あなたとなら、たくましくなれると信じています。

日薬を。

日薬、日にち薬という言葉があります。「時間が
薬になるから、悲しいときはじっとしてときがた
つのを待ちなさい」という意味で、昔からの人生
の知恵を表す言葉です。わたしは、あなたにとっ
ての日薬になりたいと思っています。そばにいる
だけであなたをよりよくしていけるような存在に
なれるよう願っています。

044

能天気のすすめ。

能天気。聞くだけで、楽しい気分になれる言葉です。正しくなくていい。賢くある必要はない。見栄えなんて気にしない。そんなふうにときにはちからを抜いて何も考えずに、「いま」と「ここ」でのびのびすると、心が晴れやかになります。いつも能天気でいることは難しいけれど、ときにはちからを抜いてあなたと能天気に過ごします。

045

病気も学び。

病気であることは決してマイナスではありません。
だから何でも遠慮せず伝えてください。持病もち
ょっとした体調の変化も。病気は、からだの扱い
かたを知るチャンスです。そこから学び、少しず
つ健康とは何かがわかるようになります。あなた
といれば学びも2倍。お互いの病は、ふたりにと
って乗り越えなくてはならない試練ではなく、ひ
とつの学びです。からだのことに詳しくなります。

046

全力で助ける。

何があろうとあなたが困ったら、わたしはあなたを全力で助けます。わたしに助けられるだけのちからがなかったとしても、大事なのは、全力で助けようとすること。大したことがないように見えても、気を抜かないこと。こういうときは、これくらい。そんなふうに計算するのではなく、あなたの困難には、いつも精一杯に向き合います。

好きと嫌い。

誰だって好きなものと嫌いなものがあります。も
ちろん、あなたとわたしにも。お互いの好きと嫌
いを知ることは、ふたりが心地よく暮らすための
第一歩です。朝、使うのはどんな厚さのタオルが
好きか。ドリンクはどんなグラスで飲むのが好き
か。部屋の灯り<ruby>あか</ruby>は、どんな明るさが好きか。お互
いの好きと嫌いを尊重しながら組み立てていくこ
とが、ふたりで暮らすことの醍醐味です。

使命を果たす。

いのちとは、わたしたちがこの世に存在する証（あかし）です。いのちがあるから、あなたとわたしは出会い、ともに生きることができます。いのちは、わたしたちに何を与えるのでしょうか。それは、わたしができることにしっかりと取り組むこと。果たすべき役割。どんなときも、使命を果たそうとするものが美しいのは、それがいのちそのものだから。いのちについて語り合うことは、ふたりにとって心の栄養になります。

心とは「思う」こと。

心とは「思う」こと。「心する」「心がける」「心もち」。心を使う言葉は、思いの使いかたを表します。心は、つねに動いているから、扱いかたが難しい。「いのち」も「心」も、それについてわざわざ考えなくても困ることはないでしょう。だけど、あえて言葉にすることがわたしたちの豊かな人生につながるような気がします。その行為をわかち合えるふたりでありたいのです。

ほがらかに。

あなたといるときは、いつも笑顔で。深刻なとき
でさえも、あなたの前ではほがらかなわたしであ
りたい。リラックスした、自由で晴れやかな笑顔
をいつもあなたに向けたい。わたしがあなたと共
有したいのは、希望と感謝と笑顔です。いつもほ
がらかなわたしでいられるように、この３つを循
環させながらふたりの関係を育てていきたいと思
っています。

耳を傾ける。

あなたがわたしに、何かを話そうとしたときは、
何があろうと手を止めて耳を傾けます。耳だけで
はなく心も。あなたがいま、どんな状況であって、
何をしているのかも、知ろうとする気持ちをもち
続けます。つねにあなたに関心をもち、あなたが
わたしを必要としたときには、すでに準備ができ
ているという、わたしでありたいのです。

違った側面で見る。

困難や苦しみから逃れる方法はありません。ですので、わたしは自分が成長できるような方法で向き合っていきます。どんなことにもさまざまな側面があり、困難や苦しみも、違った側面から見れば、自分に新たなチャンスをもたらしてくれると考えます。いつだってマイナスをプラスに変えて、乗り越えていきます。

意見は控えめに。

ときにはあなたに対して意見をすることもありま
す。ただし控えめに。小さな声で、タイミングを
見はからって。「わたしはこう思います」と主張
したいのではなく「こんな意見もある」と伝えた
いのです。ただの傍観者でいることは、あなたに
対して無責任だと思うから。

石にならない。

心が石のように硬くなっていると、しあわせには
なれないといいます。わたしは自分の心が硬くな
らないように、いつも心を動かし、ときにはスト
レッチをして整えようと思います。わたしの心と
あなたの心が、ともにやわらかいものであるよう
に努めます。あなたの心が硬くなりそうなときは、
わたしのやわらかな心で包み込める自分でありた
いです。

欲望を知る。

欲望は海の水を飲むようなもので、飲めば飲むほ
どに喉が渇くといいます。ふたりの暮らしにおい
て、いろいろな欲望に包まれることがあるかもし
れません。その欲望に侵されないために、つねに
新しいよろこびを見つけるわたしでありたいです。
欲しいものが得られないというのは、ときとして
すばらしいことでもあるから。

時間を奪わない。

時間はお金よりも大切だと思います。お金は貯め
ることができますが、時間はためることも、取り
返すこともできないからです。わたしは愛情を理
由に、あなたの大切な時間を奪わないように気を
つけます。それぞれが自分のために過ごす時間は、
ふたりで過ごす時間と同じくらい守らなくてはい
けないものですから。

困ったら。

困っているときは、それをあなたに伝えます。助けが欲しいのに、言わなくても気がついてほしいと願うのは、甘えです。我慢して本当に困るのは、そのあと取り返しがつかなくなったとき。だから困っていることを、正直に、ありのままに伝えられるようにします。これはわたしたちに必要な危機管理です。だからあなたも困ったら、最初にわたしに伝えてください。

家族のこと。

生まれたときから長い間、一緒に暮らしてきた家族は、わたしの人生の一部でもあり、これからも大切にしたい存在です。あなたには、わたしの家族のストーリーも、できるだけ伝えたいと思っています。家族のよろこびや悲しみをわかち合える関係になりたいのです。よかったら、あなたの家族のストーリーも教えてください。

結果を急がない。

結果がすべて、結果を出すことに意味があるという考えをよく聞きます。ビジネスの世界では、すぐに成果を求めることも当たり前になってきました。だけどふたりのことに、手遅れはほとんどありません。そもそもゴールが存在しないのだから、結果を急がなくていいことに意味があります。休憩したり、立ち止まったり、ゆっくりと進みましょう。

ギブ・アンド。

「ギブ・アンド・テイク」という言葉があります。
与えることと受け取ることはセットであるという
合理的な考えかたです。だけど時代は、「ギブ・
アンド・ギブ・アンド・ギブ」に変わろうとして
います。相手に見返りを求めず与え続けるという
行為の尊さに、誰もが気づき始めたのです。わた
しもあなたには「ギブ・アンド・ギブ・アンド・
ギブ」という無償の心で接します。

「つもり」に気をつける。

「〇〇したつもり」に気をつけます。言ったつも
りだった。きちんとやったつもりだった。確認し
たつもりだった。「つもりだった」は、できてい
なかったけれど、わかってほしいときの言い訳で、
親しい相手にはつい使ってしまいます。どれだけ
「つもり」になっていても、できていなかったの
なら、素直に「ごめんなさい」と言うようにしま
す。

062

遠すぎず、近すぎず。

あなたとわたしにとっての心地よい距離感は、お互いの気分によって変わります。そばにいてほしいときもあれば、距離を置いてほしいときもあります。遠すぎると、さびしいし、近すぎるのは、何だか気づまりです。だから理想は、遠すぎず、近すぎず。お互いの様子を感じながら、遠くなったり、近くなったりし続けます。

答えよりも問いを。

答えがかんたんに手に入る現代社会だからこそ、
正しい問いをふたりで見つけたい。正しい答えよ
りも、正しい問いをふたりで探していきましょう。
正しい問いとは、ほんとうに必要なことは何か。
ほんとうに知りたいことは何か。というように、
問いの動機に立ち返ることです。正しい問いは、
ふたりの暮らしを育むちからになってくれるでし
ょう。

064

疲れたはいわない。

何もしないでいられる日はなくて、1日の終わり
は、いつもそれなりに疲れています。だけど、あ
なたの前では「疲れた」と口に出さないようにす
るつもりです。疲れているのは、お互いさま。そ
れを言葉にすると、いったわたしも、聞いたあな
たもいっそう疲れてしまいます。つい口にしてし
まったときは、ごめんなさい。いわないことを心
がけます。

心で決める。

わたしたちは毎日数えきれないくらい、何かを決めています。お昼ごはんは何を食べよう。次の休みは何をしようか。そろそろ靴を買い替えないと。ときには、あらゆる事態を想定して、ときには、きりきりと頭を働かせながら。だけど、わたしとあなたの間で何かを決めるときは、損か得か、これはこうすべきだという常識にとらわれないで、心で決めます。頭よりも心を使うふたりでいたいのです。

食事について。

暮らしにおいて毎日の食事はとても大切です。食事が暮らしをつくるといっても過言ではないでしょう。どんな料理を、どうやって食べるのか。なぜそうするのかを、よくふたりで話し合い、一番優先すべき暮らしの習慣にできるといいですね。食事の目的は、空腹を満たすことではなく、からだと心を養うことです。そして、食事とは、からだと心を育てる健康法であるべきなのです。

プライドは。

プライドは、自分の心を守ってくれる大切なもの。プライドがないと自信がもてません。だけど、プライドは主張するものではなく心に秘めるもの。振りかざすと、意味のない競争が増えたり、素直になれなかったりします。プライドの困ったところは、外に出すと鎧になってしまうところです。プライドは、そっと胸のなかにしまっておきます。

時間という贈りもの。

あなたとわたしが、贈りものをするとき、お互い
にとって、一番うれしいものは何でしょう。本当
のよろこびを生み出すのは「もの」ではなく、そ
の「もの」から生まれる時間です。好きなチョコ
レートをもらったら、それを食べるときにとても
豊かな気分になります。欲しかった本をもらった
ら、それを読むときが一番うれしいでしょう。贈
りものを選ぶとき、わたしはいつもその先にある
時間を想像したいと思います。

言葉よりも目を信じる。

わたしは、あなたの言葉よりも目を信じます。目からは、言葉のやりとりを超えた真実が伝わってきます。目は、強い意志も、落ち着かない気分も、相手をいたわる気持ちも伝えるのです。わたしは、目と目を合わせることで、心を通わせるふたりになりたいと思います。人は、言葉でうそをつくことができても、目でうそをつくことはできないのです。

あなたに飛び込む。

あなたとの程よい距離感を大事にするいっぽうで、お互いの心の境界線を軽々と飛び越えられるような特別なつながりも大事にします。わたしにとって、あなたのところに思い切り飛び込んでいくことも、あなたがわたしのところに飛び込んでくれることも大きなよろこびです。躊躇^{ちゅうちょ}せず、お互いが、お互いの心にいつでも思い切り飛び込んでいける関係をつくっていきましょう。

会いたいという思い。

一緒にいる時間が増えて、一日中一緒にいること
が当たり前になったとしても、離れていると、不
意にあなたの表情や声、温もりが恋しいと思うよ
うな、そしてあなたにも、そう思ってもらえるよ
うなわたしでいたいと思います。「会いたい」と
いう思いをずっともち続けていられるように、一
緒にいるときは、離れがたいような心地よさをい
つもあなたに感じてもらえるようにします。

自分について語る。

どうでもいいことは話すのに、肝心な自分のこと
は語らない。そんな状況に陥ることがあります。
近い関係だからこそ、何から何まで話して聞かせ
るのが面倒に思えるのです。それはとてもさびし
いこと。わたしはこれからもあなたに心を開いて、
自分について語り続けたい。何かを誇示するので
はなく、わたしという人間を語っていきたいと思
います。

ささやかでふさわしく。

知ったつもりにならない謙虚さ。心を開いて、ありのままを受け止める素直さ。どんなことも敬う感謝の心。わたしはあなたとの関係において、これらを学んでいきます。そのときそのとき、ささやかでふさわしいありかたで応じる私でありたいのです。

白いうそ。

うそには2種類あります。白いうそと黒いうそで
す。黒いうそは、何かをごまかしたり、人を傷つ
けたり、人をだまして自分が何かを得ようとする
うそ。だけど、うそのなかには人を傷つけない、
希望のための夢に満ちたうそもあります。うそは
いけない。それはその通りだけど、わたしは、白
いうその存在を認めます。うそを全否定しないで、
お互いの白いうそを、受け入れるふたりでありた
いのです。

きほんはシンプル。

いつもシンプルでありたい。ものごとには、いろいろな深さや複雑さがあり、その世界に惹かれることもあります。だけどそれを知ったうえで、シンプルに立ち返る。いま、やるべきことは何だろう。一番、大切なことは何だろう。この人の望みは何だろう。いくつもの課題を抱え込むのではなく、きちんと整えたうえでひとつひとつていねいに取り組んでいく。そうやってシンプルに生きるスキルを積み重ねていきます。

寄り道をしたい。

わたしはあなたと一緒に寄り道を楽しみたい。どんなことでも最短距離を選ばずに、ちょっと寄り道という遠回りをしてみる。そこにある余裕や余地から生まれる、新しい考えや発想をわたしは大切にしていきたいのです。寄り道とは考えること。目的から意図的に離れること。そういうささやかな心がけが、きっとわたしとあなたの暮らしを楽しくしてくれるのです。

種をまく。

わたしとあなたの暮らしにおいて、わたしは土を
つくるところから取り組んでいきます。急がずに
時間をかけて肥えた土壌をふたりの手でつくって
いきましょう。そして、ライフスタイルという肥
えた土壌に、咲かせたい花の種をまいて育ててい
きましょう。あなたはどんな花を、どのくらい咲
かせたいと思っていますか。どうか聞かせてくだ
さい。そのための土づくりに励みましょう。

知識よりも自分の考え。

知識は役に立ちます。それで何かを証明したり、人を説得したりすることができます。だけど知識だけで議論するのではなく、それよりも自分の思考を言葉にするほうが、生き生きとしたコミュニケーションになります。大切なのは、自分はどう考えるか。お互いの考えのキャッチボールは楽しいものです。

後味よく。

後味のよさという価値観を大切にします。たとえ
ば、食事において最初のひと口よりも、食べた後
の後味がよい料理や献立はどうあればよいのか。
休日の過ごしかたも、どんな過ごしかたであれば
後味がよいのか。そのときその瞬間よりも、少し
時間がたったときに、じわじわと味わいが楽しめ
るように、そのためにどうしたらよいのかを工夫
します。

永遠はない。

永遠は存在しません。「いま」がずっと続くことはないのです。同じように朝が来て、同じような暮らしを続けていると、ふたりのしあわせな日々がこれからも続いていくかのように感じます。その安心感に甘えすぎないように。永遠を信じると、今日がおろそかになり、感謝の気持ちも薄れていってしまいます。「明日はない」くらいの気持ちで、わたしはいまに心を向けます。

今日という未来。

食事、仕事、睡眠、趣味、休息など、暮らしに関わることすべてにおいて、今日は未来とつながっていることを忘れません。今日の暮らしのひとつひとつが、何年か後という未来のわたしとあなたに表れるのです。今日こんなふうに食べた食事の結果が1年後の自分の健康に表れるというように。未来のふたりが笑顔でありますように今日を過ごしましょう。

いつも温め直す。

どんなものでも時間がたてば、冷めるものです。
身の回りのものだけではなく、わたしとあなたの
感情や関係性もそうです。とても自然なことだけ
ど、そのままにしておくと、冷めは悲しみに変わ
ります。冷めたものは、温め直せばいいのです。
だから、その手間を惜しまないようにします。い
つでもどんなことでも温め直す気持ちは、わたし
が身につけたいことのひとつです。

ときには目をつぶる。

失敗や過ちは、誰にでもあるもの。人生には、う
れしくないことや知られたくないようなことも起
こります。一緒にいる時間が長いからこそ、お互
いのできごとに目をつぶることには、意味があり
ます。わかっていてもいわないほうがいいことも
あるのです。だからときには目をつぶります。見
ないでいて、だけど、必要ならばすぐに手を貸せ
るよう、黙ってあなたのそばにいます。

勇気ある臆病者。

わたしは、勇気ある臆病者になりたいと思います。
心配性や臆病は、人一倍、想像力が働いてしまう
から。あなたのこともつい心配してしまいます。
臆病を解決する一番の方法は、勇気を味方にする
ことです。勇気があれば、不安にとらわれないで
行動が起こせます。災害が心配なら、災害が起き
たときの準備をすればいいのです。わたしは、そ
んな勇気を身につけます。

学ぶのは人間。

いまはどんなことでも学ぶことができます。ビジネスの仕方や競争を勝ち抜く方法も、スペイン語会話やおいしいコーヒーの淹れ方も、その気になればすぐに学べます。わたしが学びたいのは、人間そのものです。人間とは何かを突き詰めれば、自分を知ることにもつながります。わたしは、自分が大きく成長できるような学びがしたい。そう思っていることを、あなたには知っておいてほしいと思います。

わたしたちという会社を。

あなたとわたしは、「わたしたち」という会社です。これからともに生きていく運命共同体だから、会社を経営することと同じ。だからヴィジョンやフィロソフィーを掲げて、最低限のルールや仕組みを定めます。5年後、10年後のことも計画しましょう。経営会議は定期的に。ゆくゆくは、社会にどんな価値を生み出せるのかも考えます。

初めてを楽しむ。

「初めて」は、とてもいい経験になります。その瞬間に、みずみずしい感情が湧き上がって、新しい疑問や感動が生まれます。ふたりが一緒にいる時間が、長くなればなるほど、「初めて」は減っていきます。だからわたしは、心して「初めて」というよろこびを探し続けようと思います。

譲ること。

たらいの水を欲張って自分のほうにかき集めると、水が向こうに逃げてしまい、水を向こうに押しやれば、かえって自分のほうに水はやってくるという教えがあります。わたしはあなたと譲ることの大切を学んでいきます。譲ることは負けることではありません。人と争わずに、一歩前に進むための心がけなのです。そしてまた、譲り合うふたりでもありたいのです。

まあ、すてき。

あなたが、突然わたしが得意ではないものを差し出したとしても、「あら、いやだ」と目の前で拒絶するのではなく、まずは「まあ、すてき」と受け入れます。そこからどうするかは、ゆっくり考えればいいのです。あなたとわたしは、好きなもの、苦手なものが違います。あまり得意ではないと伝えれば、あなたはきっとわかってくれるはず。「まあ、すてき」は、すべてを受け入れ、その先へとつなぐ、すてきな言葉です。

心のゆとりを。

カップになみなみと注がれたコーヒーは、そのま
ま飲むしかありません。だけどカップ6分目くら
いにしておくと、ミルクやメープルシロップ、ホ
イップクリームを加えてアレンジすることができ
ます。心も同じ。「わたしはこう」が強すぎると、
せっかくあなたと一緒にいても、わたしはずっと
わたしのまま。心のゆとりとは、自分を自分でい
っぱいにしないこと。そのことにいつも自分で気
づいていたいと思います。

先に行かない。

いつも手をとって、あなたと一緒に歩いていきます。とかくスピードを優先する世の中だけど、あなたとわたしの間では、一緒に歩くことを優先したい。先に行かない。決して急がない。同じ景色を見ることを楽しむ。わたしは、あなたの歩調にできるだけ合わせて、ときに立ち止まったりしながら、日々の暮らしを歩みます。

手を使う。

手は、日々の暮らしでも仕事でも、作業をすると
きにとても役立つ道具です。だけどそれだけでは
ありません。手は、ものをつくることができます。
たとえば、料理をつくること。ものを愛すること
もできます。さらに、弱いものを助けることもで
きるし、何かを温めることもできます。手を使う
ことは、その人の生きかたそのものです。わたし
は、わたしの手をあなたのためにたくさん使いた
いと思っています。

苦しみは思い出になる。

これからは楽しいことばかりではなく、苦しいことも思うようにいかないこともあるでしょう。だけど、それは当たり前のこと。いろいろな体験が「愛するとは何か」という問いを解き明かしていくヒントになるでしょう。わたしはこれからもあなたと、思い出づくりに励みます。何が起きても学びのチャンスと捉えて。

また明日。

人は明るい未来を思い描く生きものです。「明日
は何があるだろう」「明日もいい１日にしよう」。
そんなふうに明日は、いつも期待に満ちています。
だからわたしは、１日の終わりに「明日もいいふ
たりでいよう」「明日もよろしくお願いします」
という気持ちを込めて、「また明日」とあなたに
伝えます。

失敗について。

人生において、自分が思い描いた通りの成功が手
に入ることは、おおよそないことです。人生は、
作業と同じようにはできないのです。人を愛する
ことも予測不能で、失敗の連続です。失敗を学び
に代えて、より価値のある日々を生み出すことが
人生です。わたしはあなたとふたりで、失敗から
学び、失敗を恐れずものごとに向かう生きかたで
歩んでいきます。

勤勉さを。

勤勉さが何より大事です。「まじめ」や「正しい」よりも、勤勉さが大事なのは、一時的なことではなく習慣を意味しているから。暮らしのなかで勤勉な人は、自分なりのルールを守ります。健康であるためのルール、成長に必要なルール、自分を整えるためのルール。それを続けることで暮らしに心地よいリズムができます。わたしはあなたとの関係においてもきちんと勤勉であり続けます。

ていねいとは感謝すること。

わたしはあなたに対して、いつもていねいであり
たいと思っています。ていねいとは、何でしょう
か。「ていねいに字を書く」とは、ゆっくりと心
を込めて字を書くこと。そこにあるのは、感謝で
す。仕事や暮らし、人やお金や時間への感謝の気
持ちが、ていねいという姿勢に表れます。そして
わたしは、ていねいに、一生懸命でありたい。わ
たしは、あなたへの感謝を「ていねい」に込めま
す。

老いについて。

長い歳月をともに過ごすふたりが、やがて向き合うことになるのが老いです。老いとは、自由になっていくこと。もっているものを整理して、人間関係を整理して、自分の心を整理して、少しずつシンプルになっていくこと。老いかたもわたしたちの大切なライフワークのひとつです。わたしは、あなたと一緒に老いを楽しみたいと思っています。裸で生まれてきたわたしたちは、シンプルになり、人生で一番の自由になっていくのです。裸でこの世から旅立っていくのです。

忘れないでもらいたいこと。

あなたがひとりでないことを忘れないでください。
人と人は、完全にわかり合えることも、孤独から
逃れられることもありません。あなたとわたしも、
お互いの価値観のもとで生きています。どんなに
長く一緒にいたとしても、一致することはないで
しょう。だけど、あなたはひとりではありません。
あなたを愛しいと思い、あなたの温もりを恋しい
と思う人間が、ここにいます。そのことだけは、
忘れないでほしいと思います。

ふたりのための100

ふたりのための

　ふたりには、これからの未来の日々に隠されたものがいっぱいあります。隠されたもののなかから大切なものを選びとる時間はまだ十分にあるから、その選び取るための、たしかな目と心を養うための困難や苦労がきっとあるでしょう。失うこともきっとあるでしょう。けれども怖がることはありません。樹木が葉を落として新しい葉を茂らすように、そんな日々の学びのなかから、何かひとつでも大切なものを学びながら、出会いに喜び、必要な備えをすること。それがふたりで生きることといってよいのではないでしょうか。ふたりのための新鮮な日々のために。

　これからわたしはあなたとふたりで、いろいろさまざま楽しいことだけでなく、つらいことも分かち合っていきたい。そのとき、それを明るく受け止めて、乗り越えてしまえるような、強さ、健やかさ、ほがらかさ、賢さを学びとっていきたいのです。そのために、ふたりで語り合っていきましょう。

　互いがよきパートナーであるために、ふたりの日々を大切にするための気づきや学び、それぞれが自由であるための教訓、これからのふたりの物語を。

　ふたりの未来には、初めてがいっぱい隠されているでしょう。そんな日常の小さなことから見つける初めてはふたりの喜びです。

　ふたりのための。ここに綴ったことは、わたしとあなたのための物語です。

　このひとつひとつを、悩んだり、迷ったり、どうしたらよいかわからないときに、ふたりで何度も開く物語集にしていきましょう。ふたりのしあわせはこうした物語のなかに潜んでいると思うから。

　これからの日々にあるすべてのことに、見る興味、知る興味、思い考える興味をもつことができたら、それは何事にもかえがたいふたりの宝ものになり、それを役立てたら、悲しみや苦しみからも、きっとすぐに立ち上がることができるでしょう。ひとりの時間も豊かに過ごすことができるでしょう。

所有しない。

人を好きになることの先に、相手を自分のものにしたいという支配の感情があります。相手を自分のもののように感じることで、一時的に満たされた気分になることもあるでしょう。だけど支配の感情はそこにとどまらず、次第に束縛を生み出し、互いの自由を奪うようになります。人は、人のものにならないというのは、当たり前のこと。

違うことを認める。

人はみんな違います。相性のよさを心地よく感じ
ていると、自分と相手の違いに敏感になるあまり、
違うことを正そうとしてしまう心理も人間にはあ
ります。でも違うから一緒にいる意味があるので
す。違うから助け合うことができることがあり、
違うから学べるということもたくさんあるのです。

同じ方向を見る。

ふたりが一緒にいる意味は、同じ方向を見て歩む
ことにあります。わたしたちはどこへ向かって歩
んでいるのか。どこへ向かおうとしているのか。
どんな未来を思い描いているのか。見つめ合うよ
りも、同じ方向を向いて歩んでいきましょう。未
来はどちらの方向なのか。学びや成長はどちらの
方向なのか。希望の先はどちらの方向なのか。つ
ねにふたりが同じ方向を向いているからこそ、何
があっても道に迷うことはないのです。方向に迷
っても大丈夫。歩みを止めて、ふたりで確かめ合
えばいいのです。

003

秘密はあっていい。

相手のことをすべて知ることはできません。秘密はあっていい。あえて聞かなくてもいいことはたくさんあります。聞かれないのにわざわざ伝えなくてもいいこともあります。秘密を知ったからといって何かが得られるわけではないのです。うそと秘密は違います。ふたりでいてもひとりはひとり。自分は、自分のためにあります。

無関心にはならない。

〝愛する〟の反対は、憎むではなく無関心です。相手の無関心ほどつらいことはありません。ふたりの関係性を大切にするのなら、何があろうと無関心になってはいけないのです。長く一緒にいるとそれが当たり前になって、少しずつ相手への関心が薄れていくことがあります。相手がひどく疲れていたり、悩んだり苦しんだりしているときに、気がついてあげられる関係でいましょう。

修復をする。

現代は、完成度の高いものが揃っていて、わたしたちは不具合が起きることに慣れていません。壊れたものはすぐに捨てて、新しいものに買い替えればいい。何かが壊れたときは試されているときです。壊れたらまずは修復することを考えましょう。すべてのものは壊れるのです。ものだけではなく、人も人間関係も壊れます。修復することは、価値ある知恵のひとつだと思います。

006

目標の人物像を。

誰しも「自分は何になりたいのか」と悩む時期が
あります。しかし、何かになることを考える前に、
自分が「どんな人間になりたいのか」を考えるほ
うが大切です。夢や願望、職業や肩書よりも、目
標とする人物像を見つけて、そのために何をする
べきなのかを考える。お互いに自分がなりたい人
物像を語り合ってみましょう。

007

いつでも話を聞く。

自分の話を相手に聞いてもらうしあわせほど豊か
なものはない、と思います。対話をすることはと
ても価値のあるひとときです。相手が何かを話し
たいときは、いつもその言葉に耳を傾ける自分で
いましょう。いつでも話を聞いてくれる人がいる
ことの安心感は、何ものにも代えられない貴重な
ものです。

親しき仲にも。

どんなに親しくなっても、守らなければいけない
のは相手への礼儀です。敬意をもって相手と接す
ること。相手への感謝を忘れないこと。一番近く
にいる人には、つい甘えた態度をとってしまうこ
とがありますが、親しいからといって何でも許さ
れるわけではありません。ときには失礼をしてし
まうこともあるかもしれない。そんなときは礼を
尽して身を正しましょう。

逃げないこと。

ふたりでいると、苦しみや悲しみもふたり分やっ
てきます。悩んでいるとき、逃げれば逃げるほど、
不安や恐怖は大きくなります。だから一番いいの
は、きちんと向き合うこと。相手との関係がうま
くいかなくなったときも、面倒くさいからと逃げ
てばかりいると、前に進みません。どんなときで
も、一歩前に進む気持ち、何があっても逃げない、
という心構えが大切です。

スキンシップを。

人間は動物だから、肌と肌で伝わるものがあります。スキンシップ、たとえば、ハグをする、手を握る、あるいは肩に手を置くだけでもいいので、相手の体温を感じることを大事にしましょう。いつもベタベタする必要はありません。だけど言葉や態度だけでは伝えられない感情もあります。そういうときこそスキンシップです。肌の温もりで気持ちを伝えられることを忘れてはいけません。

011

大きな地図をもつ。

ふたりで人生を歩むために、大きな地図を用意しましょう。自分たちはどこへ向かっているのかを知り、どんな行程がいいのかを話し合いましょう。たとえば、3年後、5年後、10年後にふたりが目指したいものは何か。どこでどんなふうに暮らしたいのか。大きな地図があれば、何かが起きても自分たちのありたい姿がわかります。この先、自分たちはどうなるのかという不安から守ってくれます。

012

言葉づかいを。

言葉は、使いかたによって相手をよろこばせたり、傷つけたりするものですが、何より気をつけたいのは、言葉づかいです。何気ない言葉づかいのなかから、人はたくさんの情報を受け取ります。乱暴な言葉づかいをしていると、相手は少しずつ傷ついて、それが蓄積されていくのです。できるだけていねいに話すこと。それだけで感謝や尊敬の気持ちが伝わります。

013

筆まめに。

気持ちを伝える方法のひとつに手紙があります。紙に手で文字を書いていると、いつもより少しだけやさしくなれることに気づきます。面と向かって話すよりも、言葉をゆっくり穏やかに使うことができる分、気づかいがあるのです。手紙というほど大げさなものでなくてもメモでもいいので、筆まめでありましょう。

分担しよう。

暮らしていくためには、料理や掃除、洗濯、買い
物などたくさんの仕事がありますから、ふたりで
分担するのは当然のこと。だけど分担は、ルール
ではなく互いの思いやりで成り立ちます。相手が
疲れているようなら、すぐに代わってあげましょ
う。どちらかいっぽうではなく、お互いが「お互
いさま」と思える関係にしましょう。ひとつでも
多くのことを自分がやるという気持ちが大事です。

一緒にできることを。

ふたりで一緒にできることは、ありそうでなかっ
たりします。たまに会うふたりにとっては特別な
楽しみだったことでも、毎日一緒にいる相手とは
日常になってしまうのです。だからこそ、お互い
が積極的に相手を誘うようにしましょう。一緒に
できることを探す、見つける、誘う。誘われたほ
うは、誘いを楽しみましょう。

笑って終わる。

人と人は、衝突することもあります。生きていれ
ば、怒りや悲しみもいっぱいあるのです。落ち込
んでいたり元気がなかったりする姿を相手に見せ
てもいい。だけど、いつまでも引きずらないで、
最後は笑って終わるようにしましょう。怒ったま
ま、不機嫌なまま日常に戻るのではなく、ひとつ
ひとつ終わりをつくって、最後にふたりで笑い合
えるような関係でいましょう。

017

孤独を受け入れる。

孤独は人間の条件です。孤独を感じることは自然
なこと。ですから、孤独を埋め合わせようとした
り、忘れようとせずに、しっかりと抱きしめて愛
してあげる。孤独であるからこそ、人は人の気持
ちがわかり、やさしさや愛情が芽生えるのです。
孤独であることを受け入れる気持ちからふたりの
絆は育っていくのです。

満足よりも感動を。

満足にはきりがありません。しかし、感動という
のは、ほんの小さなことでも、いつまでもそのひ
とつを味わうことができますし、その感動が種に
なって、よろこびやしあわせという花を咲かすこ
ともできるでしょう。そして感動のできごとはい
つまでも心に残る思い出にもなります。満足より
も、感動に満たされる日々を目指しましょう。

お互いの家族を大切に。

わたしの家族と、あなたの家族は、ふたりの家族です。どちらかに偏ることなく、かけがえのない存在として大切にしましょう。そして、どちらの家族と会うときも、ひとりではなく、できるだけふたりで会うようにしましょう。また、家族だからこそ、みんなといつも仲よくする心持ちでいるように努めましょう。忙しさなどで疎遠になってしまわないように。

話さなくても心地いい。

一緒にいる時間が長くなってくると、同じ部屋にいても、それぞれが好きなことをしていることもあるでしょう。ひとりは音楽を聴いて、ひとりは本を読んでいて、会話はないけれどお互い、相手がリラックスしていることが伝わってくる。そんな時間がもてるふたりはとてもいい関係です。話さなくても心地いい。一緒にいるだけで満たされる。そんなふたりでありたいものです。

021

矛盾はあっていい。

言っていることとやっていることのつじつまが合わないのはよくあることです。親しい関係になればなるほど、矛盾が目につくようになります。気にしだすとキリがないのです。矛盾はあって当たり前。ただの気まぐれであったり、迷いであったり、ときには成長であったりします。受け流すこともときには必要です。

022

尊敬する。

人を好きになるきっかけのひとつに尊敬があります。相手のことを「すばらしい」と思う素直な感情です。その気持ちをいつまでももち続けていましょう。尊敬は、ふたりが一緒にいるための信頼関係のもとになります。相手から尊敬されていることが自分にとってのよろこびになります。相手にとってもそうです。その気持ちをいつまでも大切にできるふたりでいましょう。

やさしさで。

人は、自分の思い通りには動きません。どんなに仲のいい相手であっても、そうです。予想外の行動に振り回されてしまうことだってあります。そんなとき、どうすればいいのでしょう。不安定になった心を落ち着かせてくれるのは、あなたのなかにある、やさしさです。すべてをやさしさで包んでいくのです。我慢はしなくていい。相手にそっと寄り添うようなやさしさが大事です。

024

理解をする。

お互いが、相手にとっての一番の理解者でいましょう。相手と自分の違うところを見つけるのはかんたんです。人のなかには矛盾もあるけれど、「これはいい」「あそこはダメ」とひとつひとつに◯と×をつけるのではなく、相手の存在そのものを受け入れましょう。コミュニケーションはそのためにあるのです。お互いが、一番の理解者であることでふたりの関係はとても心地よいものになります。

025

表現を。

愛情も尊敬も、表現しないと相手に届かないのです。ふたりの関係が長くなって表現しなくなることが、お互いがわかり合えているしるしだと思う人もいるようですが、それは甘えです。外国の人たちが１日に何回も「I love you」と言うことには、意味があるのです。自分にとって身近な存在だからこそ、いろいろな形で表現しましょう。きちんと相手に届く形で、気持ちを届けましょう。

言葉づかいは心遣い。

心をこめて、正しい言葉、美しい言葉で話しかけるふたりでいましょう。ときにはカジュアルな言葉づかいが良いときもありますが、たとえば、大切なことを話し合うときは、相手を思いやったやさしい言葉づかいを心がけましょう。いんぎんである必要はありません。けれども、親しき仲にも礼儀あり。悪気はなくとも、言葉はつかいようによっては人を傷つけてしまうことがあります。言葉づかいは心遣いなのです。

027

隠さない。

自分の立場が悪くなるようなことは、なかなかい
い出せないものです。借金がある、ギャンブルで
負けた、車で事故を起こしたなど、いいにくい気
持ちはわかります。だけど、隠して隠し切れるも
のではありません。伝えるなら、早いほどいい。
早くわかっていれば、もっといい対処ができたの
に、ということもあります。隠すことで失うもの
もあるのです。

028

過去を振り返らない。

過去よりも、前を見ましょう。現在と過去を比べ
たり、過去の行いを悔いたりすることには意味が
ありません。よく言われることですが、未来は変
えられるけれど、過去は変えられません。相手の
過去、ふたりの過去にこだわっても苦しいだけで
す。これまでのことではなく、これからどうした
いかに心を向けましょう。

悪口はいわない。

気を許した相手と本音で語り合うことは、豊かな時間をつくります。だけど、本音を勘違いしていませんか。人の悪口は、とても安直な話題です。盛り上がることもありますが、いう人にとっても、それを聞く相手にとってもいい影響をもたらしません。どんな相手とでも最低限の話題選びは必要です。人の悪口はいわない、聞かない。相手が悪口を口にしたら、さりげなく話題を変えましょう。

ふたりのルールを。

ふたりが一緒にいるためのルールをつくっておきましょう。「帰りの時間は伝える」「使ったものはあった場所に戻す」「食事中はスマホを触らない」など、暗黙のルールではなく、互いに気になることを言葉にしておくと共有できます。このルールは「こうすべき」ではなく「こうしよう」です。守れなくても責めなくていい。お互いが守ろうとする心がけが、心地よい暮らしにつながります。

プレゼントはささやかに。

日常のささやかなプレゼントを大切にしましょう。帰り道に花屋さんで見かけた花でも、相手が好きそうな食べものやちょっとした小物でもいいのです。一緒にいないときにも「これ、似合うだろうな」「よろこぶかもしれない」と思ったことが伝わります。記念日に、リクエストして買ってもらう立派なものよりも、そんな日々のささやかなプレゼントのほうが伝わるものは大きいのです。

032

一緒に成長。

ほとんどの人にとって、相手と一緒にいる時間よりも仕事をしている時間のほうが長いのではないでしょうか。人は仕事をすることで、たくさんの学びを得ます。経験を重ねることで、大きく変化していきます。だから、ときには仕事の話もしましょう。何を目指しているのか。どんな努力をしているのかを語り合い、互いの経験を共有することで、一緒に成長していけるのです。

愛情不足はどこに。

愛情というのはふたりの間だけのことではありません。家のあれこれや、仕事で起きること、家族や友人、いわば自分のテリトリーのすべてに愛情は必要です。ですので、ときおり、愛情不足になってしまっていることがないか、ふたりで点検しましょう。愛情不足は放置するとトラブルの原因になります。早期発見を心がけましょう。

034

大親友でいる。

恋人、あるいは夫婦であっても、ずっと大親友でいましょう。愛し愛される関係は、ときに無邪気になれないこともあります。大親友でいるということは、自分を犠牲にしてでも全力で相手を助けるということです。そして困ったことがあれば、自分を助けてくれる人がいるということでもあります。恋人、あるいは夫婦であり、大親友でもあるという関係は、とても心強いものです。

お金のこと。

お金のことは、話しづらい。だけどどこかで、お互いの価値観を確認することが必要です。お金の使い道には、消費と浪費、貯金と投資、さらに寄付があります。ふたりにとって大切なのは、自分たちの10年後、20年後をイメージすることです。貯金は必要か。何のために貯金するのか。自分への投資にも大きな意味があります。お金の知識を共有していくことも大切です。

036

からだを大切に。

お互い、元気でいることが一番です。体質も習慣
も人それぞれ違うものですが、食事、運動、睡眠
を大切にして、自分なりの健やかさを保つように、
できることをしっかりやりましょう。怠惰な生活
は相手の健康にも影響します。健康でいることの
優先順位を上げること。これはふたりが楽しく生
きるためのきほんです。

037

干渉しすぎない。

相手のことを信用していても、ふと気になってしまったり、問い詰めたくなってしまったり、疑問をもってしまったりすることはありがちです。ときと場合によっては、わずらわしいと感じてしまうことがありますね。どんなに仲がよかろうと、踏み入ってはいけない事柄と領域があるのです。干渉はしすぎないようにしましょう。

価値観にこだわらない。

価値観というのは、とても便利な言葉です。意見も好みも、過去のできごとや未来への展望も、すべて価値観で語ることができます。だからこそ、注意が必要です。まず価値観はつねに変化するということ。こだわりすぎると、自分自身を縛り、不自由になります。価値観は変化するものですから、相手の価値観も絶対と思わないで、やわらかい心で、変化を丸ごと受け入れましょう。

嫌いなものを知っておく。

相手の好きなことよりも、これは嫌い、これは苦
手ということを尊重しましょう。できるだけ嫌い
なことや苦手なことに触れないように、出くわさ
ないように注意をしてあげましょう。そういう小
さな思いやりを忘れないようにします。そして、
嫌いなことや苦手なことを克服することを求めて
もいけません。

デートを優先。

「デート」には、特別な響きがあります。一緒にいることが当たり前のふたりでも、デートとなると楽しい気分になるものです。映画を観に行くのもいいし、気になるレストランに行くのもいい。外に出ると、ふたりはひと組のカップルとして扱われますから、お互いの距離がいつもより近くなります。ときには、時間やお金をデートに使いましょう。ふたりで、心から楽しみましょう。

041

愛の言葉を。

愛の言葉を気軽に口にする習慣がないわたしたちですが、相手への特別な感情を伝えるなら、やはり言葉が一番です。「好きです」「愛しています」には、ほかの言葉にはない強さがあります。そのひと言で何かが一気に解決することも、きっとあるでしょう。言葉は、愛を伝えるためのもっともシンプルな道具です。一度きりではなく、何度も使いましょう。

042

妥協も。

ふたりでいると、ときには妥協することも必要です。妥協とは、許容すること。我慢とは違います。どちらかいっぽうが「こうしたい」「あれがいい」と先走ってばかりだと、相手は我慢するしかありません。そうではなく、お互いが少しずつ妥協すること。心に余白があれば、気持ちよく妥協できます。最初から妥協ありきではなく、譲れるところは譲って、ふたりで一番いいゴールを目指すのです。

043

カウンセラーとして。

ふたりは、それぞれの目標をもって別々の道を歩いています。だけどまったく、知らんぷりをするのではなく、お互いが、見守り、励まし、高め合えるような関係でいましょう。相手をよく知っているからこそできるアドバイスもあります。相手が、迷ったり、悩んだりしているときは、じっくり話を聞きましょう。ときには相手を受け入れ、見守るカウンセラーになった気分で。

044

目的について話そう。

人生は何のためにあるのか。自分はなぜ生きているのか。人間は、古代ギリシャの頃から、生きるという当たり前のことに、こうした疑問を投げかけてきました。正解なんてありません。答えが出せなくてもいいのです。ふたりで語り合ううちに、何となく見えてくるものもあります。そんな対話を通して、心を通わせることが大事です。続けるうちに、お互いの心を整える会話になります。

045

ぐっすり眠るために。

快適な睡眠に必要な条件は、人によって大きく違います。朝型なのか、夜型なのか。毎日8時間寝たいのか、4時間も寝れば十分なのか。音や光に敏感な人もいます。こればかりは、相手に合わせることは難しい。だからお互いをよく理解して、ぐっすり眠れるよう思いやることが大事です。相手が朝型なら、深夜まで連れ回したりしないなど、ライフスタイルを工夫しましょう。

いつもユーモアを。

人が笑顔になるのは、楽しいことやおもしろいことがあったとき。笑顔が絶えないふたりでいるにはどうすればいいでしょうか。ひとつの方法がユーモアです。バカにされることがわかっていても、オヤジギャグを連発する人は、ユーモアの価値を知っています。笑顔を生み出そうとする心がけが大事なのです。深刻なときも、ユーモアを忘れずに。

047

食事について。

暮らしにおいて毎日の食事はとても大切です。食事が暮らしをつくるといっても過言ではないでしょう。どんな料理を、どうやって食べるのか。なぜそうするのかを、よくふたりで話し合い、一番優先すべき暮らしの習慣にできるといいですね。食事の目的は、空腹を満たすことではなく、からだと心を養うことです。そして、食事とは、からだと心を育てる健康法であるべきなのです。

048

手をつないで。

手をつなぐことは、ふたりにとって深い意味があると思っています。相手の温もりを感じられるだけではありません。ふたりがつながっていること、対等な存在として、助け合いながら生きていることを象徴しているような気がするのです。手をつなぐことで、不安が解消されることもあります。ふたりきりのときでも、人前でも、どちらからともなくさっと手をつなぐ関係でいたいものです。

旅行に行こう。

年に1、2回の旅行をふたりの習慣にしましょう。暮らしているところを離れて違う場所に出かけることで、新しいものに触れ、いつもと違うリズムが生まれます。ふたりで一緒に感動したり、ときにトラブルに対処したりすることが、ふたりの関係にとっていい刺激になります。どんな旅でも最後には必ず「行ってよかった」と感じるものです。そんな思い出をふたりでつくっていきましょう。

暮らしの音。

暮らしていると、どうしても生活音が発生します。足音、ドアの開け閉め、ものを置くとき、食事中など、自分では気にならない音も、相手にとっては不快と感じることがあります。そのことに自分から気がついて、相手を気遣うようにしましょう。できるだけ静かに、音を立てないように。もし相手から指摘されたら、素直に反省しましょう。これは、一緒に暮らすうえでの大切なマナーです。

051

気遣いを忘れない。

そばにいる相手は、いまどういう状況で何をしているでしょうか。集中して何かに取り組んでいるなら、声をかけないほうがいい。落ち込んでいるなら、気分転換の必要があるかもしれない。気遣いは、相手のことをよく観察しないとできません。たぶんこうだろう、という推測だけでは、相手の求めることはできないのです。お互いを気遣う関係は、きっと長続きします。

052

与え合う自由。

ふたりが一緒にいることで、自由を失うことがあります。つい相手に干渉したり、束縛したりして、自分の思い通りに動かそうとしてしまうのです。ふたりがのびのびと暮らすために、相手の自由を支えましょう。そして自分の自由を確保しましょう。自由なふたりが一緒にいると、ひとりのときより、もっと楽に自由を感じられるようになります。お互いに自由を与え合う関係はすてきです。

別の趣味を。

共通の趣味をもつこともすてきですが、まったく別の趣味をもつのもいいものです。趣味は、その世界に詳しくなることで、学びともいえるもの。だから、遊びとは少し違います。趣味を楽しんだあとは、ふたりの会話を楽しみましょう。そうすれば、相手がハマればハマるほど、自分自身も知らない世界に触れることができます。長く一緒にいると、そういう刺激も必要です。

いたわり合う。

生きていると、疲れることもあります。傷ついた
り、苦しんだりすることも多いのです。そんな
とき、近くにいたわってくれる相手がいると、救わ
れたような気分になります。自分も相手をいたわ
る。相手も自分をいたわってくれる。他人ではな
く、一番近くにいる相手とそういうことができる
のは、とてもありがたいことです。ふたりが一緒
にいる大きな理由のひとつといえるでしょう。

ふたりの約束。

たまにはふたりで約束を。長い時間をかけて果た
すもの、日々のこと、いろいろな約束があります。
お互いが気持ちよく何かを約束できるのは、ふた
りの関係がうまくいっている証拠です。約束は、
お互いを安心させます。「信頼しているから、約
束は必要ない」という人もいますが、やや詭弁の
ように感じます。約束は、相手への誠意であり、
信頼関係の証です。

ながら感謝を。

ふたりの暮らしは、ありがたいものに満たされて
います。わたしにとってのあなた。あなたにとっ
てのわたし。食べ物や着るもの、まわりの環境、
人や自然といったすべてがありがたいもの。です
ので、何をしながらも、いつもありがとう、とい
う感謝の言葉を心で唱えましょう。そのなかには
つらいこともあるかもしれません。それでも、そ
れをしながら、ありがとうと感謝しましょう。

心を込めて。

暮らしのなかにある、たくさんのふるまいには、心を込めることが大事です。挨拶や言葉づかいも、料理や車の運転も、相手に対してするときは、心を込めて行いましょう。ものごとには、上手い下手があります。できれば、すぐれたもの、美しいものがいい。だけど、その行為に心がこもっていれば、人は不満を抱いたりしないものです。

058

暮らしを満たすもの。

自分たちの暮らしを満たすものは、何でしょう。愛情だという人もいれば、経済力だという人もいます。おいしい料理を食べればすぐに満たされる、という人もいるでしょう。イライラしたり、言葉が刺々<ruby>刺々<rt>とげとげ</rt></ruby>しくなったりするのは、満たされていないから。お互いを思いやるふたりでいたいなら、自分たちが日々の暮らしを、何で満たしていきたいのか、その目線を合わせることは、とても大切です。

よろこびとしあわせ。

しあわせというのは、とても漠然としていて、どんなことでも、自分の気持ち次第で、しあわせと思えばしあわせです。けれども、本当のしあわせというのは、なかなか難しいように思います。しあわせをつくるものは何でしょう。それはよろこびではないでしょうか。よろこびはふたりで見つけることができること。よろこびがたくさん集まったら、そのときにきっと本当のしあわせを実感するのです。

自然という美しさ。

美しいものに触れると、心が揺さぶられます。アートやファッションなど、人の手によってつくられたものもそうですが、一番美しいものは、やはり自然です。何かに押しつぶされそうになったとき、空を見上げるだけで心が落ち着きます。人生は、自然の美しさに助けられることがよくあるのです。たまには一緒に星を眺めて、自然の美しさに感謝できるふたりでいましょう。

061

欲張らない。

欲望をどう扱うかは、人間の大きなテーマです。欲を張ることで、一時的に何かを手に入れられることもありますが、バランスが悪いから長続きしません。これはふたりの関係でも同じです。相手に対して求めすぎると、それが果たされないことが増えます。求められるほうも、次第に負担を感じるようになり、お互いにとってストレスです。どこで自制を働かせるかをつねに見極めるようにしましょう。

062

できないこと。

こうすることが、正しい。もっとこうしたほうが、いいに決まっている。暮らしのなかでそう思うことは、たくさんあります。たとえば、歯磨きチューブのキャップを閉めること。とはいえ、人にはできないことがあるのです。相手ができないことは受け入れることです。相手ではなく、自分のために。そして、できない側は開き直らないようにしましょう。

063

口出ししない。

相手が何かを一生懸命やっているときに、近くに
いるとつい、口出ししてしまうことがあります。
愛情からというよりは、単純に、自分が知りたい
だけだったり、思いついたことをよく考えもせず、
口にしてしまったりするのです。相手が、明らか
に間違ったことをしていれば別ですが、人はそれ
ぞれ、ときに失敗しながらも自分でやりとげるこ
とで学んでいます。静かに見守りましょう。

064

清潔を。

人間関係において大切なマナーのひとつが清潔であること。親しくなってくると、おろそかになりがちですが、身近な関係だからこそ、見た目をよくすることよりも、いつも清潔な自分でいることを心がけましょう。自宅にいる時間が増えると、ついおろそかになることもあります。不潔は、慣れると心地よく感じることもあるのだとか。清潔さを保つには、意外と努力も必要です。

065

１冊の本のように。

人との付き合いかたは、本を読むことと似ています。わかりにくいところがあっても、ゆっくり時間をかけて読めば、深い理解が得られます。いい本は、読むたびに新しい発見がある。気に入った本は、ずっと手元に置いておきたい。人との付き合いもそうではないでしょうか。急いで読んで、わかったような気になるのももったいないことです。1冊の本を読むように人と付き合う。ふたりの関係も同じです。

ひとりにしない。

人は、本来、孤独を感じやすい生きものです。現代は、そんなさびしさをまぎらわせる道具にこと欠きません。だけど、わたしたちがこれまでずっと大事にしてきたのは、ひとりの人間と人間が寄り添うことから生まれる安心感ではないでしょうか。そのことを忘れずに、相手のことをつねに思いやり、ひとりにしない、孤立させないようにしましょう。

067

一緒にいる目的。

お互い、好きだから一緒にいるのだと多くのカップルは思っているかもしれません。だけどそれだけでは、関係を長く続けていくことは難しい。熱情というものは、薄れやすいのです。ふたりが一緒にいる目的は何でしょうか。ふたりはどんな未来を描いていますか。共通のビジョンをもつと、たとえけんかをしても、自分には相手が必要だと、冷静にふたりの関係を仕切り直すことができます。

完璧を目指さない。

仕事にしても家事にしても、完璧を目指すと疲れ
ます。どんな事柄にも完璧は存在しないので、終
わりがないのです。だから完璧を目指すと、どん
どん心を消耗します。いつまでたっても満足でき
ません。ふたりの関係についても同じことがいえ
ます。よりよいものをつくっていこう、もっとい
い関係を、という心がけは大切ですが、限界があ
ることも理解しておきましょう。

つらさはふたりで。

生きていると、つらいことはたくさんあります。だけど、それもすべて学びです。病気や仕事上の失敗、失業や身内の死など、すぐに乗り越えることが困難なことも、人は時間をかけて乗り越えていきます。マイナスに思えるようなことも、いずれポジティブに変えることができるのです。ひとりではつらさだけを抱え込んでしまいますが、ふたりで共有すれば、新たな側面も見えてきます。

070

さわやかな健康を。

健康でありたいと望んでいても、そのためにどう
暮らすかは人によって違います。食事や運動も自
分に合うやりかたが一番ですが、健康を求めるあ
まり、ムリをしてしまうこともあるようです。人
は病気をすることもありますし、持病がある人も
います。それでも健やかに暮らすことはできます。
ふたりでさわやかな健康を心がけましょう。つね
に明るい気持ちで過ごしましょう。

071

欠点を愛する。

欠点は、誰にもあるものです。欠点は恥ずかしいし、できればあまり人に知られたくないと思うものですが、欠点こそ、人の魅力のひとつです。だから欠点を嫌わないでください。人は、完璧だから自信がもてるのではありません。完璧ではない自分を知っているからこそ、失敗も想定内でいられます。だから不安がなくなるのです。自分の欠点を愛せる人は、相手の欠点も愛せます。

072

感謝を忘れない。

まずはすべてを受け入れることができたら、お互い、楽になります。考えが違うとしてもそれはあとで伝えればすむこと。何かあったときに「えー！」と否定的に受け止めていると、そこから前に進めません。大切なことは、その先にあります。いつも感謝の気持ちをもつことです。起きたことは、たとえ深刻なことであっても、全肯定してから、ふたりでどうするかを考えましょう。

けんかをしたら。

どんなに仲がよくても衝突することはあります。
けんかは、お互いのわがままとわがままの衝突だ
から、正解はないのです。だから終わりかたを決
めておきましょう。「次の日になったら忘れよう」
でもいい。そうすれば、お互い安心してけんかが
できます。けんかしないようにと我慢をするから、
一度のけんかでふたりの関係が破綻するのです。
けんかをしても大丈夫なふたりでいましょう。

074

平凡でいい。

特別であることが豊かさだと思っていると、もっともっとと追い求めたくなります。だけど豊かさは、頑張りながら、頑張りすぎないところにもあるのです。平凡こそ、人とわかち合えるいい物差しになります。お互いの程よい感覚を言葉にして理解しておきましょう。手を抜くのではなく、諦めるのでもなく、平凡でいい。平凡であることは、意外と難しいものかもしれません。

ふたりで解くこと。

暮らしのなかで問題が起きたとき、やめておきたいのは、相手に丸投げしてしまったり、相談せずにひとりで抱え込んでしまったりすることです。せっかくふたりでいるのだから、問題もふたりで解くようにしましょう。忙しいときは、相手の話を聞くだけでもいいのです。何かが起きても相談する相手がいると思えることが、心の余裕につながります。それがふたりでいることの意味です。

友だちについて。

パートナーがいても友だちは大事です。自分の友だちと同じくらい、相手の友だちを大事にしましょう。相手が、自分よりも友だちを優先することがあっても、心よく受け入れましょう。これからの社会においては、友だちという存在がますます重要になっていきます。そして友だちの価値は、年齢を重ねるごとに高くなるのです。お互いが、お互いの友だちを尊重しましょう。

077

答えを求めない。

世のなかの多くのことには、答えがありません。
むりやり答えを出そうとすると、その場しのぎに
なることも多いのです。どんなことにも正解を求
めていると、見つからないことがストレスになり
ます。大切なのは、答えを出すことよりも、その
問題について自分は何を感じるか、どう考えるの
かです。相手に答えを求めるのではなく、一緒に
考えるパートナーでいましょう。

078

結婚とは。

結婚とは、何を意味するのでしょうか。一緒に暮らすこと。家族になること。ひとりの個人とひとりの個人を結ぶもの。平等な権利をもつふたりが、対等な立場で助け合いながら、共同生活を送ること。夫婦というと、それぞれに特別な役割がついてくるように思えますが、ふたりの関係は、誰かが決めて押しつけるものではありません。結婚とは、ふたりが一緒にいる自由を守るものです。

079

仕事とは何か。

生活のために仕事をしているという人、社会の役に立ちたいと仕事をする人、自分が成長したいから仕事をするという人、仕事への思いは、人によってさまざまです。そして仕事とは、外で働いて収入を得ることだけではなく、料理や掃除などの家事もあります。仕事とは、日々の営みです。これから長い時間を一緒に過ごすふたりなら、仕事への考えをじっくり話し合っておきましょう。

信仰について。

お互いの信仰は認めるべきです。人間は古くから、宗教を必要としてきました。ただし信仰は、個人的なものですから、相手に自分の信仰を押しつけることは、慎むべきだと思います。宗教によっては、信者でない人を否定したり、過度な寄付を求めたりすることもあるので、そうなるとまた話は違ってきますが、個人の範囲で信仰を続けているなら、立ち入る必要はありません。

シンプルに考える。

シンプルに考えるのが一番です。複雑な問題は、数式を因数分解するように、シンプルな事柄に分類して、最初に解決すべきは何かを考えましょう。ふたりの間で争いごとが起きても同じです。シンプルに考えることができれば、長引きません。あれもこれもと同時に考えようとするから議論が本質からどんどん離れてしまうのです。つねに、シンプルに立ち返るようにしましょう。

名前を呼び合う。

お互いを名前で呼びましょう。出会った頃は、名前で読んでいたのに、いつの間にか呼ばなくなってしまうことがあります。子どもがいても、長い年月を一緒にいても、お互いを名前で呼び合うのは、気持ちが通じ合っていることの証です。他人から見てもとても仲がよさそうに見えます。

照れない。

気持ちはストレートに伝えましょう。愛情表現や感謝の気持ちも、照れずにしっかり言葉にしないと、相手に届きません。弱い自分や情けない自分を見せることが照れくさいと感じることもあります。信頼している相手には、ありのままの自分を見せたほうが、より心が通うようになります。ふたりにとって、照れないことは、いいコミュニケーションのための必須条件です。

084

リズムを揃える。

歩くリズム、思考のリズム、生活のリズム、成長のリズムと、人にはいろいろなリズムがあります。ふたりで一緒に散歩するとき、どちらかいっぽうが、自分のリズムでとっとと先に行ってしまうのは、気遣いが少し足りていないかもしれません。リズムは違って当たり前。だからお互いのリズムを観察して、なるべく相手に揃えよう、寄り添おうとする気持ちを忘れないようにしましょう。

085

自己投資を。

お金や時間のもっともいい使い道は、自分自身が成長するための自己投資です。ところがふたりでいると、相手を優先するあまり、自己投資があとまわしになってしまうことがあります。これは気をつけたいところです。お金と時間の使いかたはこれからの人生にも大きく影響します。個人の成長は、自分自身の魅力になり、お互いのためにもなりますから、自己投資は惜しまないように。

086

やさしさとは。

相手を思いやることも、いたわることもやさしさ
ですが、厳しさもやさしさのひとつです。相手か
ら、意見をされたり、間違いを指摘されたりする
と、自分を否定されたような気分になるかもしれ
ませんが、人の学びは、そこから始まります。相
手に、正しいありかたをうながすこともやさしさ
なのです。厳しく接することができる、厳しさを
受け入れることができるふたりでいましょう。

087

事実婚でもいい。

ふたりが出会って、恋愛をして、その先に結婚と
いうのが、よく見られるパターンですが、婚姻届
を出すこと、つまり法律上の夫婦になることには、
それほど縛られる必要はないように思います。ふ
たりがよく話し合い、納得のいく形なのであれば、
婚姻届を出さずに一緒に暮らす事実婚でも何の問
題もありません。お互いがかけがえのない存在で
あるとわかっているなら、それで十分です。

ときには。

結婚にはいろいろな形があります。一緒に住むことも当たり前ではなく、別居も選択肢のひとつです。お互いが少し距離を置きたいこともあれば、単純にひとりになりたいだけのときもありますから。週末だけふたりで一緒に過ごす、というのもいいですね。これまでのやりかたにこだわらないで、いまの自分たちに合うのはどんなスタイルかを、考えるようにしましょう。

089

子どもについて。

結婚することと子どもをもつことがすごく近かった時代が続いていましたが、もうそうではなくなっています。子どもは、いてもいなくてもいい。ただしふたりでよく話し合うべきです。経済的なことや仕事とのかねあいに悩む人もいれば、欲しいのになかなか授からないと悩む人もいます。ひとついえるのは、社会の「こうすべき」にとらわれる必要はなくなったということです。

結婚式は。

結婚式をあげないカップルも増えています。披露
宴も大規模なものは減りました。何もしないこと
も含め選択肢が増え、周囲から「こうするべき」
といわれることはほとんどありません。大切なこ
とは、ふたりがどうしたいか、これからどうあり
たいかです。お互いの家族との食事や友人たちと
の集まりなどでつながる縁もありますから、話し
合ってみるといいでしょう。

091

引き返す勇気。

お互いが好きになり、愛し合いながらふたりの関係は深まっていきますが、途中で、つまずくこともあります。うまくいかないときは、ムリに進めても傷が深くなるだけ。そこで一度、引き返す勇気をもちましょう。仕事でも違和感をそのままにして進めるより引き返してもう一度やり直したほうが、結果的に早く終わったり、うまくいったりすることがあります。人間関係も同じです。

092

休み上手に。

テクノロジーの進化で、仕事や暮らしの境目が曖昧になり、どう休むかは個人にとって大きな課題のひとつです。これはふたりの関係にもいえます。つねに相手を気遣いふたり単位でものごとを考えていると、意外と疲れるものです。ときにはその意識をオフにして、ひとりの自分に戻りましょう。ふたりの関係にもオンとオフをつくって、休み上手になりましょう。

決めないという答え。

ふたりの間でルールを決めたり、どうしようかと話し合ったりするときに、「まだ決めないでおこう」という選択肢があってもいいと思っています。話し合いは、必ずしも答えを出すことだけが目的ではありませんから、決めないという答えにいたってもいい。そういう曖昧さがあることで、救われることもあります。無理に答えを導き出さないことも、ふたりの選択肢のひとつとして大切にしましょう。

094

よほどの理由を知る。

ふたりの間にいろいろなつらいことや、理解できないようなことが起こっても、まずはそのできごとを受け入れることが大切です。なぜなら、わたしとあなたにはわからない、よほどの理由がきっとあるからです。どんなことにも、よほどの理由があると知ることが大切です。モラルやルールから外れたことも、悪意とは限らず、よほどの理由があって起きてしまっているのです。

批評よりも。

人やものについても、やりかたについても、批評することで何かを果たしたような気持ちになることがあります。「ここがよくない」「いまひとつだ」といって、終わり。それでは、よりよい方法は見つかりません。肝心なのはその先です。何かを批評するのはかまわないのですが、そのあとにふたりで必ず、学びや成長になるような言葉をつけるようにしましょう。よくなる方法を探しましょう。

赤ん坊の目を。

いつも「はじめまして」という気持ちで始めましょう。朝、起きたとき、仕事に取り組むとき、相手と一緒にいるさまざまなタイミングで、はじめてのときのように謙虚で、好奇心あふれる心でいるのです。そこから、驚きやよろこび、感動が生まれます。それが、気づきや学びにつながります。日々を楽しく、気分よく過ごしたいなら、赤ん坊のような眼差しでものごとを見ることです。

縁を大切に。

ふたりが出会ったことも、愛し合うようになった
ことも、何かの縁です。お互い、誰でもよかった
のではなく、「あなた」である必要がありました。
たまたまそうなったのではないのです。だからそ
の縁を、ふたりで大切に育んでほしいと思います。
ふたりには、深い縁があるのだから、何かが起き
ても簡単に諦めずに、一緒に乗り越えていきまし
ょう。これからもこの縁を大切にしてください。

いつでもリセット。

ものごとは、いつでもリセットできます。うまく
いかないことが続くと、うんざりして投げ出して
しまいそうになりますが、継続するコツは、リセ
ットすることです。ふたりで決めたルールがうま
くまわらないとき、引っ越しの計画がなかなか決
まらないとき、お互いの言い分を投げ合うのでは
なく、潔くリセットしましょう。ときには、価値
観のリセットも必要なのかもしれません。

おもしろく、楽しく。

日々の暮らしは、おもしろく、楽しくありたいものです。深刻な問題も起こります。病気をすることもあるでしょう。ふたりが険悪なムードに包まれることもきっとある。だけど暮らしのコンセプトは、おもしろく、楽しく。何をするにも、何を考えるにも、すべてがそこにつながっていると、日々を明るく、軽やかに過ごせます。いつもふたりで、おもしろく、楽しく生きていきましょう。

あなたのきほん100

001

002

003

004

005

006

007

008

009

010

011

012

013

014

015

016

017

018

019

020

021

022

023

024

025

026

027

028

029

030

031

032

033

034

035

036

037

038

039

040

041

042

043

044

045

046

047

048

049

050

051

052

053

054

055

056

057

058

059

060

061

062

063

064

065

066

067

068

069

070

071

072

073

074

075

076

077

078

079

080

081

082

083

084

085

086

087

088

089

090

091

092

093

094

095

096

097

098

099

100

松浦弥太郎 (まつうら やたろう)

東京生まれ。エッセイスト、クリエイティブディレクター。アメリカ書店
文化に触れ、「エムアンドカンパニーブックセラーズ」をスタート。
2003年にセレクトブック書店「COW BOOKS」を中目黒にオープ
ン。2005年から『暮しの手帖』の編集長を9年間務め、その後、ウェ
ブメディア「くらしのきほん」を立ち上げる。ユニクロとの共同プロジ
ェクト「LifeWear Story 100」などを手掛ける。著書多数。

ふたりのきほん100

2021年4月30日　　初版第1刷発行
2024年7月25日　　　　　第2刷発行

著　　者　　松浦弥太郎
発 行 者　　三宅貴久
発 行 所　　株式会社 光文社
　　　　　　〒112-8011　東京都文京区音羽1-16-6
　　　　　　編集部　03-5395-8172
　　　　　　書籍販売部　03-5395-8116
　　　　　　制作部　03-5395-8125
　　　　　　メール　non@kobunsha.com
　　　　　　落丁本・乱丁本は制作部へご連絡くださいれば、お取り替えいたします。

組　　版　　萩原印刷
印 刷 所　　萩原印刷
製 本 所　　ナショナル製本